COUPURES

Tragédie en neuf tableaux

suivie de

LAUMA LAMER

Pièce en un acte

par

JULIEN TORMA

ÉDITIONS PÉROU

PARIS

COUPURES

Tragédie en neuf tableaux

suivie de

LAUMA LAMER

Pièce en un acte

par

JULIEN TORMA

●

ÉDITIONS PÉROU
Librairie de l'Enfance
46, Rue de l'Arbre Sec
PARIS
1926

Pédéprade, rue des Batignolles, 32, Paris XVII°

COUPURES

NEUF TABLEAUX

PERSONNAGES

MERCEDES.

ESKOPECK.

MALVINA.

AMPHIGOURI.

BANESTAN.

MANUELLO.

LA CANTONADE.

OSMUR, dieu.

RUBRIQUES

Il faut éviter que le personnage d'OSMUR fasse figure de simple récitant. On pourrait peut-être faire enregistrer son texte sur disques et OSMUR se contenterait de remuer les lèvres avec tous les décalages possibles.

Je vois OSMUR à peu près nu. Cf. lutteur forain entièrement enduit de bronze liquide (ou bien kif-kif un type placé dix ans sous une fontaine pétrifiante ?). Un fixe-chaussette jaune au pied gauche. De grosses lunettes noires ou de couleur. Aussi hiératique que possible. Une dizaine de décorations peintes sur le côté droit de la poitrine. Ses gestes sont à peu près ceux d'un robot. En dehors de ça pieds joints, bras collés au corps, regard fixe (ou bien sujet de pendule).

A la fin, quand le rideau se relève une dernière fois, OSMUR est seul en scène, à l'extrême gauche, debout sur une planche-socle munie de roulettes. Il se passe une vingtaine de secondes. Puis, une sorte de balayeur, aussi proche que possible des types qui nettoyent les planches après la représentation, arrive en balayant. Il pose son balai, s'accroupit devant Osmur, fixe au socle une courte ficelle, puis, son balai sur l'épaule gauche, sort en tirant derrière lui OSMUR debout sur son socle à roulettes et oscillant au moindre cahot. Au moment où OSMUR va disparaître dans la coulisse, le rideau tombe et au même instant on entend un « MERDE » étouffé et le bruit énorme d'une statue de bronze qui dégringole sur le plancher.

LA CANTONADE : Elle devrait avoir une allure nettement érotique. Mannequin de couturière avec poitrine et dessous genre 1900 (ou mieux, genre danseuses de french-cancan au Tabarin). Quand Eskopeck s'adresse à elle, ses yeux, figurés par des ampoules de lampe de poche, s'illuminent. Une ampoule verdâtre s'allume également entre ses cuisses.

Utiliser des bruits de coulisse. Un disque de café concert genre scie ou tout machin similaire se déclancherait de temps en temps, suivant les intuitions du manipulateur, et par exemple à « *Mercédès joint les mains et s'adresse au ciel* », et à «*la scène reste dramatiquement vide* ».

Le rideau ne tombe pas entre les tableaux, sauf aux endroits où c'est expressément indiqué.

PROLOGUE

BANESTAN (*Il chante*) :

La sul à 21° latitude Nord
sous la dent cariée d'Oulami
est un escalier où l'on dore
la pierre ponce et les fusils

Oula Oula

Oulami

Une esclave blanche tatouée
sur l'escalier s'est endormie
— Laure je suis tout à toé
D'Oulami elle n'est pas l'amie

Oula Oula

Oulami

C'est pourquoi je crains la nuée
au Sul à 21° latitude Nord
plus que les fusils braqués
sur la pierre ponce où rêve Laure

Oula Oula
Oulaurami

I

OSMUR. — Moi Osmur, fils ancillaire du dieu Jupiter, je dis :

Fin du prologue — BANESTAN reste assis devant sa lanterne. AMPHIGOURI entre par la porte de gauche, souffle la lanterne et s'avance face au public.

AMPHIGOURI. — D'un seul tenant enveloppé par surcroît d'ailes de mouches, il tenait d'une main un sécateur et de l'autre un lampion.

OSMUR. — AMPHIGOURI se retire par la porte de gauche.

MERCÉDÈS entre par le fond sans voir BANESTAN et parle avec volubilité au milieu de la scène.

MERCEDES. — Il n'y a qu'à la pendre... Qu'est-ce qui a cassé comme ça ?... Tiens, il y a une petite pointe encore.... Pas moi... J'aime mieux les reines, et vous pas ?

OSMUR. — MANUELLO entre à la suite de MERCÉ-

DÈS. Il est très surexcité, très congestionné et ne trouve pas ses mots. Il tourne autour de MERCÉDÈS s'agenouille devant elle, se relève et se frappe la poitrine trois fois et demi.

MERCEDES. — Il se casse très mal... Meuoui... O la proch... la proch, la prochaine fois... C'est assez avec le couteau. Si quelqu'un n'est pas consciencieux, ça va faire des catastrophes....

Mettez-le sur un coin de la table. Il est bien arrangé le tournevis.... Non c'est pour un petit machin, il y a une poigne comme ça. Ça va tout seul....

OSMUR. — BANESTAN se lève et essaye de passer sa jambe droite autour de son cou. Ceci fait il se rasseoit.

AMPHIGOURI entre par la porte de gauche et face au public :

AMPHIGOURI. — Vous ne savez pas où sont les slips ?

OSMUR. — AMPHIGOURI sort par la porte de gauche.

MERCEDES. — Dans le tiroir de gauche.. A vierche., Ce n'est pas américain.. C'est français. J'en ai deux. Et l'autre est en argent, celle-là en zinc. Hu.. On peut faire une bague dedans. Ce n'est pas beau une bague en argent...

OSMUR. — Manuello parle avec l'accent italien :

MANUELLO. — La bonne femme qui m'a donné ça, elle est rudement bête.

OSMUR. — Banestan se lève, étend le bras et dit :

BANESTAN. — Voilà l'idée.

OSMUR. — Amphigouri entre par la porte de gauche, s'arrête derrière Mercédès, fait trois enjambées à gauche, marque la place de la dernière à la craie et y conduit également Mercédès. Silence... Amphigouri s'adresse au public.

AMPHIGOURI. — Bout de ferraille, une expérience formidable...

OSMUR. — Puis il se retire dignement par la porte de gauche.

MERCEDES. — Les seins coupés...

OSMUR. — Manuello rejoint sur les genoux Mercédès. A bout de souffle, d'une voix chaotique et douloureuse :

MANUELLO. — C'est ré mineur. Eh bien alors lesquels. La sensible qui est haussée d'un ton. Ah, pas du tout. C'est extrêmement compliqué. Le quatrième sur le LA dièze. OOOO c'est extrêmement difficile.

OSMUR. — Maintenant MANUELLO est debout, se croise et se décroise les bras :

MANUELLO. — Alors mon beau crayon est parti.. Qu'est-ce qui m'a chipé mon beau crayon jaune ?

OSMUR. — MANUELLO se dirige vers le fond.

MANUELLO. — C'était combien hier ? Je ne me rappelle plus. Alors... pain 45 ? Ah, je ne vais encore plus me rappeler. C'est idiot ça alors. Où donc est-ce que j'ai été, nom d'une pipe...

OSMUR. — Il sort. AMPHIGOURI entre par la porte de gauche, rallume la lanterne de BANESTAN, s'avance vers le public :

AMPHIGOURI. — Je donnerai une petite indemnité pour....

OSMUR. — et disparaît par la porte de gauche. BANESTAN debout sur sa chaise les bras derrière le dos :

BANESTAN. — 22 Janvier. C'était..... Mardi 19,

Mercredi 18, Jeudi 17, Vendredi 16, Vendredi, Jeudi ? Samedi. Onze jours quatre francs.

OSMUR. — Mercédès incline la tête sur son épaule droite et relève légèrement sa jupe pour dire :

MERCEDES. — Une ranronnée. C'est bon signe. Dans la poche droite. A OUI.

OSMUR. — Banestan arpente la scène d'un bout à l'autre.

BANESTAN. — Il y a peut-être un jaune. C'est un vieux celui-là..

OSMUR. — Il se racle la gorge.

BANESTAN. — Ce n'est plus la date.

OSMUR. — Réflexion.

BANESTAN. — Ce n'est pas ça du tout.

OSMUR. — Silence.

BANESTAN. — Ce n'est pas moi.

OSMUR. — Manuello entre par le fond en sautillant :

MANUELLO. — Elle est bien arrangée la malheureuse.

OSMUR. — Il se penche sur la table.

MANUELLO. — C'est un vrai déchiffrage.

OSMUR. — Il tend le billet à MERCÉDÈS. Elle lit :

MERCEDES. — Quoique l'espoir d'un trône soit un lieu que jamais, après tant de travaux, on ne céda sans lumière. Hélas ! c'est en vain que mon amour est dans cette apparence. A plus d'accès votre prompt consentement m'obligerait à croire la voix publique.

OSMUR. — AMPHIGOURI entre par la porte de gauche, en blouse blanche et avec des lunettes. Aidé de BANESTAN il soutient MANUELLO effondré et sortent par le fond à reculons. MERCÉDÈS va s'asseoir sur la chaise de BANESTAN et souffe la lanterne.

Moi Osmur fils ancillaire du dieu Jupiter je dis : 1, 2, 3, (jusqu'à 30).

II

OSMUR. — Malvina entre par la porte de gauche, s'incline devant Mercédès et s'adresse au public d'un ton déclamatoire :

MALVINA. — Après tant de malheurs, les bûcherons enfin sont résolus à nous faire justice. Pour nous ils ont déclaré la grève et nous demandent d'autres lois. Vous attendiez, Madame, leur députation, mais notre double puissance règne où vous devez régner. Vous ne pouvez manquer d'amants et si vous présumez leur bassesse, du moins que leur vertu vous apparaisse sous des noms supposés.

OSMUR. — Eskopeck entre par le fond, s'incline devant Mercédès et parle à Malvina, à Mercédès, puis à La Cantonade avec un accent roumain :

ESKOPECK. — Vous les abaissez trop, Malvina. Combien a-t-on vu de mutins s'en aller dans des climats étrangers ? Cependant Amphigouri doit vous accompagner, Madame la Reine, en tous lieux et malgré les dangers et la gloire. Pour un cœur généreux, c'est une tache d'encre que le buvard ne peut absorber. A plus fortes raisons, je me plains de manquer de mémoire et de mon injurieux destin.

MALVINA. — Qui vous traite le mieux ? La figure ou la fortune ?

ESKOPECK. — On pourra vous guérir à votre préjudice et notre liberté, Malvina, oppose à l'outrage un aveu qui nous purgerait de toute ingratitude.

MALVINA. — Eskopeck, je ne contrains personne, mais si j'ose parler avec franchise, je pourrai ternir en un moment, l'éclat de mille années.

OSMUR. — Mercédès se lève, ouvre tragiquement les bras et s'avance vers Eskopeck :

MERCEDES. — Et moi qui n'en dois aucun compte, j'en disposerai seule, sans extravagance. Que je me donne à Amphigouri, ce ne serait pas sans noble sentiment. Mais je vais tout ignorer, pour qu'il choisisse des deux rivaux, me portant de moi-même à tarir la source des querelles. Me croyez-vous ma propre ennemie, sans jugement de tous et d'une vertu qu'on ne doit pas forcer ?

ESKOPECK. — Agissez donc enfin, Madame la Reine, nous vous obéirons, sans excuser l'inégalité de leur séduction. Est-ce donc un crime que de les aimer tous les trois, et votre aversion ne montre-elle que les liens secrets d'un seul attachement ?

MALVINA. — Si ce n'est un faux bruit...

OSMUR. — Mercédès joint les mains et s'adresse au ciel avant de sortir :

MERCEDES. — Tu ne le comprends point ! Je veux que son respect ne l'empêche pas de deviner que je ne puis me donner. Qu'il souffre autant de ses ennemis que des miens ; car enfin, il l'a vu. Vous l'avez vu. Il me préfère à une autre et je dois répondre aux bûcherons.

III

OSMUR. — Moi Osmur, fils ancillaire du Dieu Jupiter, je travaille. Je tape avec un marteau (15 coups).

ESKOPECK. — Je le donnerai pour le même prix.

MALVINA. — La marchandise ne lui plaisait pas, il mâchait un refus de la prendre, et n'osait le prononcer. La reconnaissance pour tant d'honnêtetés l'arrêtait.

ESKOPECK. — Hélas ! Banestan a commis une grande faute en choisissant, ignorant de l'avenir, ce jeune héros doué de qualités si nobles. Son père est véridique et sa mère.... l'est aussi. Et c'est pour cette raison que je suis Eskopeck.

OSMUR. — Malvina tire son rouge à lèvres de son sac de cuir :

MALVINA. — Fuis ma contagion.

ESKOPECK. — Ah ! ma tête est proscrite, je noircirais ses jours.

OSMUR. — Malvina écrit lentement une clé de sol sur le tableau noir.

MALVINA. — Les ouvriers du nonce attendront tes conseils.

ESKOPECK. — Il faut par quelque plan terrible arriver à ce sombre résultat.

IV

OSMUR. — Moi le fils ancillaire du dieu Jupiter
je dis : 7, 6, 5, 4, 3, 2, 1.....

BANESTAN arrive par le fond. Il est congestionné
et se place entre ESKOPECK et MALVINA :

BANESTAN. — Les émotions causées par les
poésies ossianiques peuvent se reproduire dans
toutes les nations, parce que leurs moyens d'émou-
voir sont tous pris dans la nature ; mais il faut
un talent prodigieux pour introduire, sans affec-
tation, la my'hologie grecque dans la poésie fran-
çaise.

OSMUR. -   ANUELLO entre par le fond et bande
les yeux de   ESTAN d'un mouchoir bleu.

MANUEL   — Tant de fois je croyais être à
deux heures   regardais ma pendule. S'ils n'eus-
sent pas de   é ce pauvre commis pour une
chanson ga   en plus que méchante, ce grand
poète n'eû   ultivé son talent et ne fût pas de-
venu un d   us puissants lévriers.... C'est ainsi

que les appelait la reine d'Espagne, morte à Rome.

OSMUR. — Malvina suce son bâton de rouge.

MALVINA. — Ah, celui-là n'est pas ficelle...

ESKOPECK. — Rien de plus décent que toute leur conduite. Ce n'est pas la peine que je me mette à tirer mon ouvrage. C'est exagéré.

OSMUR. — Banestan tâte les murs et se heurte aux meubles.

BANESTAN. — J'étais malheureux quand je ne pouvais pas finir mes soirées dans cette maison.

OSMUR. — Banestan s'asseoit sur sa chaise et Manuello se penche sur son épaule :

MANUELLO. — A la ciecca ragion debile e zoppa—Proporzionato a chi l'cor m'arde e fura—Perdon domanda la mie audacia ria.

BANESTAN. — Je suis un peu découragé par le manque absolu de dates.

ESKOPECK. — Pas grave, pas grave, je vais chercher mon couteau Euf, euf, uf. Ça pue, ça pue.

OSMUR. — Il sort par la porte de gauche. SILENCE.

V

OSMUR. — Banestan mime une déclaration d'amour à Malvina qui ne le comprend pas. Malvina à La Cantonade :

MALVINA. — Nous ne sommes pas si surchargés. Les professeurs prétendent que ce n'est plus maintenant. Au camp je sautais... De l'ouvrage... Elle est vulgaire, mais si elle n'est pas mal élevée..... Elle dit tout le temps éééééé. — Il y a un retour formidage. Tu as mis deux boulets et un tas de saleté.

OSMUR. — Banestan rote.

MALVINA. — Silasolrédosi. Numéro... 000. Numéro 775... Si deux droites forment une séquence. Ce n'est pas pareil... Plus qu'un ? Tu as rendu l'autre aujourd'hui ?.... Tiens.. Tu ne travailles pas bien.

MANUELLO. — Nous leur laissâmes du vin et des viandes froides dont la beauté avait l'air de surprendre.

OSMUR. — Banestan découragé :

BANESTAN. — Grand dieu ! Comment est-il possible d'être aussi insignifiant ! Comment peindre de tels gens !

OSMUR. — Malvina comprenant soudain :

MALVINA. — Le malheureux qui veut un billet !

OSMUR. — Manuello hausse les épaules à cinq reprises :

MANUELLO. — Jamais un anglais ne donnerait dans un tel piège !

OSMUR. — Manuello soutenant Banestan effondré sort à reculons par le fond.

VI

OSMUR. — Moi Osmur, fils ancillaire du dieu Jupiter je dis : SILENCE, SILENCE. Amphigouri entre par la porte de gauche.

AMPHIGOURI. — Nous rampons dans la cave, avec nos petits sous dans notre ventre. Le tombeau c'est l'endroit difficile. Je crache à la face du spectre et je m'ajoute à la récréation des corbeaux.

OSMUR. — Malvina s'asseoit sur la chaise de Banestan.

MALVINA. — Toute l'histoire pleure et saigne. S'il regarde la vie, le genre humain assiste au pugilat et le vent, la mer, surgissant au regard, sont pris en forfaiture.

OSMUR. — Amphigouri balance la lanterne à bout de bras.

AMPHIGOURI. — La surface entière de la planète se trouve maintenant salie ou entamée ; les mélanges les plus hétéroclites voisinent côte à côte modifiés sans cesse par quelque nouvel apport de couleur fondamentale....

Dans ses joues d'une pâleur éclatante, on distingue quelques veines bleues. Quiconque eût ignoré que cette jeune fille avait joui, aurait pu la prendre pour la statue de la virginette.

MALVINA. — Amphigouri, tu ne connais pas le caractère contagieux des raies.

OSMUR. — Amphigouri accroche la lanterne éteinte au tableau noir.

AMPHIGOURI. — Elle déballa un volumineux attirail de papeterie en vue de ma délivrance. Elle porte une robe de soie bleue ornée d'une embarrassante traîne sur laquelle je lis en noir le prix de 150 fr.

OSMUR. — Malvina se lève et porte la chaise renversée au milieu de la scène.

MALVINA. — Grâce à quelques lamelles de fromage blanc jetées à la mer, elles sont secouées d'une toux congestive.

OSMUR. — Amphigouri sort de sa poche un trousseau de clefs.

AMPHIGOURI. — L'honneur que je lui rend morte jusqu'à celui qu'elle représente...

OSMUR. — Malvina tire un rasoir ouvert de son sac en cuir.

MALVINA. — Trois cailloux en catalepsie......

AMPHIGOURI. — Mais non. Après avoir longuement mêlé les branches de houx, elle se fit conduire dans l'escalier, dont la rampe plate et blanche se prête à ses desseins.

OSMUR. — Amphigouri sort par la porte de gauche, Malvina par le fond. La scène reste dramatiquement vide. Le rideau se ferme et se rouvre aussitôt.

VII

OSMUR. — Moi Osmur, fils ancillaire du dieu Jupiter je dis :

ESKOPECK entre par le fond tirant MANUELLO. Ce dernier tient un parapluie ouvert.

ESKOPECK. — L'anniversaire du couronnement. Quelque chose d'extraordinaire à mon égard. Je me reproche de ne pas assez regarder ce parquet contresigné....

MANUELLO. — La voce etou épouvantablisissimous.

ESKOPECK. — Je vous propose pour la place d'Inspecteur du mobilier.

OSMUR. — MANUELLO tirant ESKOPECK sort par le fond. AMPHIGOURI entre par la porte de gauche, suivi d'ESKOPECK.

AMPHIGOURI. — Non, non, de loin comme de

près...

ESKOPECK. — Si j'avais eu des grâces il les aurait senties. Il ne s'est pas aperçu de mon air contraint.

OSMUR. — Amphigouri consulte la main gauche d'Eskopeck.

AMPHIGOURI. — La vraie noblesse et le vrai naturel me semblent fort rares en France.

OSMUR. — Il sort par la porte de gauche. Eskopeck regarde avec épouvante la paume de sa main gauche et suit lentement Amphigouri.

VIII

OSMUR. — UN ET UN ET UN UN ET UN ET UNUNUN.

Moi Osmur, fils ancillaire du dieu Jupiter, je dis :
BANESTAN entre par le fond, une valise à la main. Il est visiblement ivre.

BANESTAN. — Tu es rentré à quatre heures. Tu avais du pain pour toi. Alors ce... Ça c'est bien passé ?. C'est en le mettant mal. Il était entièrement cloué. Ah oui, je vois.... Remarque.... On peut taper un petit peu. C'est un ver pour sous-ver.....

OSMUR. — MERCÉDÈS entre par la porte de gauche en se cirant les ongles.

MERCEDES. — Il était du format 42. Un balai d'Amérique... Elle m'avait envoyé des rince bouteille. Il faudrait trouver un manche qui se visse.

BANESTAN. — Ce n'est pas un chiffon que j'ai pris pour essuyer le ver. Ce malheureux ver !

OSMUR. — Mercédès enferme sa brosse à ongles dans la lanterne et en tire une houpette à pou-
dre qu'elle secoue

MERCEDES. — TUT TUT TUT TUT Ah oui...

BANESTAN. — Dans cinq minutes il sera retapé.

OSMUR. — Mercédès se débarrasse de sa houpette en la jetant par terre.

MERCEDES. — Pour absorber la nicotine, le ver
se glisse dans les lentilles.

OSMUR. — Banestan dépose sa valise aux pieds
de Mercédès.

BANESTAN. — J'ai toujours été optimiste.

OSMUR. — Il tousse.

BANESTAN. — Dans quelles conditions ? A 150
frs l'heure. J'aime la peinture.

MERCEDES. — Dans mon ignorance religieuse,
c'est le temps qui me manque pour lire les textes
de la fin.

OSMUR. — Elle se râcle la gorge, Banestan ouvre la valise et en sort une bouteille.

BANESTAN. — Oui oui oui. Ache ! C'est déplo-
rable ouit. J'ai essayé de renfoncer les clous et j'ai
tapé sur le ver.

MERCEDES. — Nous l'enterrerons.

BANESTAN. — En bonne pu....

OSMUR. — SILENCE.

MERCEDES. — Je......

BANESTAN. — Tu ponds ?

OSMUR. — Banestan boit au goulot.

MERCEDES. — Il faut dire.... les trucs sur la
femme... C'est très humain... très agréable.

OSMUR. — Mercédès ouvre la valise, en tire un
revolver. Silence... Banestan siffle. Mercédès exa-
mine curieusement le revolver.

MERCEDES. — C'est loin... En bicyclette ?

BANESTAN. — Moi qui avait planté des anémo-
nes dans mon jardin.

OSMUR. — Mercédès brandit le revolver.

BANESTAN. — C'est un beau poisson.

OSMUR. — Mercédès tire mais le coup rate. Silence.

BANESTAN. — QUOI ?

OSMUR. — Mercédès le revolver toujours braqué.

MERCEDES. — En principe.

BANESTAN. — AA, oui.... Dans quelle rue ? AA... Où ?

OSMUR. — Sifflement.

MERCEDES. — Plus la cuisine.

OSMUR. — Elle tire, le coup rate encore.

BANESTAN. — J'aimerai.

OSMUR. — Mercédès remet le revolver dans la valise. Elle en tire un poignard ?

MERCEDES. — Par votre intervention énergique.

BANESTAN. — Vous croyez ? Eh bien on leur

forcera la main.

OSMUR. — Mercédès brandit le poignard.

MERCEDES. — Je n'ai jamais poussé, je n'aime pas me donner de l'importance.

BANESTAN. — Maintenant que le vin est tiré.

OSMUR. — Le rideau se ferme précitamment.
Banestan chante la dernière strophe de sa chanson.
Le rideau se rouvre. Mercédès est affalée sur sa
chaise, les bras ballants, les yeux fermés. Banestan
a disparu.

IX

OSMUR. — Moi Osmur, fils du dieu ancillaire Jupiter je dis :

Amphigouri entre par la porte de gauche, s'avance face au public.

AMPHIGOURI. — Un rejeton dont le cou n'a pas voulu grandir avec une larme de joie. A l'aide d'une corde il fait une solide ligature au tuyau à gaz mais le pauvre malheureux n'ose pas se laisser choir.

OSMUR. — Amphigouri sort par la porte de gauche.

Manuello entre par le fond en courant et crie avec des larmes dans la voix :

MANUELLO. — ESKOPECK... ESKOPECK. ESKOPECK. ES...

OSMUR. — Le rideau se ferme et ne se rouvre pas.

FIN

LAUMA LAMER

UN ACTE

PERSONNAGES

LAUMA LAMER

LE CAPITAINE

PREMIER MARIN

DEUXIEME MARIN

LE NEGRE

LE MOUSSE

SCENE I

PREMIER MARIN. — Ah le beau pré...

DEUXIEME MARIN. — Les mousses ont chassé
les vaches à grands coups de cailloux dans le derrière.

PREMIER MARIN. — Les cloches sonnaient, les
hommes en chemise se promenaient à travers les
boîtes à sardines et les femmes lavaient leurs parapluie dans la source miraculeuse.

DEUXIEME MARIN. — Deux aveugles offraient
à boire.

PREMIER MARIN. — D'autres assis descen-
daient les escaliers à reculons.

DEUXIEME MARIN. — Tout ça, tout ça...

LE CAPITAINE (*entrant*). — Vous resterez, garçons.

PREMIER MARIN. — Jusqu'à neuf heures.

DEUXIEME MARIN. — Après le quart.

LE CAPITAINE. — Nous filerons cinq nœuds...

PREMIER MARIN. — Ce n'est pas fort. Le chien rongera la quille.

LE CAPITAINE. — Tu lui attacheras la queue et tout sera dit.

DEUXIEME MARIN. — A l'ancre, c'est plus sûr.

LE CAPITAINE. — Non, je ne veux pas la déchirer. (*il sort*).

SCENE III

LE MOUSSE (*entrant*). — Un fameux coup **de** balai.

PREMIER MARIN. — Encore un grain.

LE MOUSSE. — C'est qu'il est noir...

DEUXIEME MARIN. — Prends garde à la bascule.

LE MOUSSE. — Merci je ne suis pas gaucher.

PREMIER MARIN. — Gare, gare !

LE MOUSSE. — On descend ?

DEUXIEME MARIN. — La lunette ?

PREMIER MARIN. — Inutile.

DEUXIEME MARIN. — Tape, toi, la cloche.
(*Ils montent sur le pont ; hurlement de la sirène*).

SCENE IV

LE MOUSSE (*réfléchissant*). — Le dernier tonneau était trop salé....

MARINS EN COULISSES. — Oh ! hisse, oh ! hisse...

SCENE V

PREMIER MARIN (*rentrant, mouillé*). — Il a bu une tasse.

DEUXIEME MARIN. — Je l'agrippe par la jambe, j'en retire une culotte. Il me glisse entre les doigts, patauge dans l'huile ; j'en ai les mains dégueulasses. J'avale une lame, mes yeux rougissent, je fouille dans le mou, je crève sa chemise. Il m'entraîne sous les danseuses, mais je ne lâche pas l'estomac ; j'entre dans le tunnel, le tas de crasse, l'encre. J'épluche une poubelle, des cheveux, des morceaux d'ouate me chatouillent, des branches enlacent mes cuisses, des écailles me bossèlent, des plumes me piquent, des ciseaux me coupent. Je touche le fond et me pince le nez. Enfin, je le pousse hors du banc. Encore une minute, il était bouffé.

PREMIER MARIN. — Chacalot !..

LE MOUSSE. — Va ! Tu chasses les mouches.

DEUXIEME MARIN. — Il lui manque un morceau ; on dirait du manger. (*Il sort*).

SCENE VI

LE NEGRE (*entrant avec le Capitaine*). — Assili cotte saya letu lamark tudor epifilimi a te sirai vor mer la : tapi telépatt inici, matri alamer sucepa : alai vertu tourou tenoir.

LE CAPITAINE. — Evidemment mais vous ne saisissez pas toute la question. Ne respirez plus jusqu'à l'arrêt. N'oubliez pas de retirer vos bottines. A la rigueur gardez vos chaussettes.

LE NEGRE. — Salivala tabu a tatas lotus a loto moke acepies brouloulou bralala ?

LE CAPITAINE. — Tu, tu, tu... les bretelles c'est très utile...

(*Ils jouent au poker d'as*).

LE MOUSSE. — Laissez-moi réfléchir. Une bouteille dans un bateau ou le bateau dans la bouteille ?... Je n'aime pas cette manière de recevoir une lettre.

LE CAPITAINE. — Trois rois, trois valets, six reines.

LE MOUSSE. — Elles ont hurlé toute la nuit.

LE NEGRE. — Ricepala a babord ?

LE CAPITAINE. — Je vous dis que c'est Saturne.

LE MOUSSE. — Il était bien trop gros pour un si petit filet.

LE CAPITAINE. — Vous irez à trois.

LE NEGRE. — Un pétit peu dé laine ?

LE CAPITAINE (*furieux*). — De la ficelle, je vous dis, de la ficelle, c'est plus solide.

SCENE VII

(Entre le DEUXIEME MARIN).

PREMIER MARIN. — Tu l'as réveillé ?

DEUXIEME MARIN. — Je l'ai vue.

PREMIER MARIN. — Et le capitaine ?

DEUXIME MARIN. — Oh ! tu sais....

PREMIER MARIN. — Et dans les papiers ?

DEUXIEME MARIN. — J'ai retrouvé le sextant.

PREMIER MARIN. — Ababa.

DEUXIEME MARIN. — Lauma Lamer.

PREMIER MARIN. — Lauma Lamer ?

DEUXIEME MARIN. — Elle s'appelle Lauma
Lamer et veut voir le capitaine.

SCENE VIII

LE MOUSSE. — Ah, ma bouée...

LE CAPITAINE. — Encore une de perdue ?

LAUMA LAMER (*qui vient d'entrer en costume
de repêchée*). — Je vous suis chère, Capitaine ?

LE CAPITAINE. — Qui me délivrera de mon
insomnie ?

LAUMA LAMER. — Née de Cléopâtre, petite fille
dans les cours de marbre, muselée devant les pas-
sants, je jouais à pousser des œufs sur les jets
d'eau. Puis je tendais les assiettes aux jongleurs,
puis je jonglais moi-même avec mes reins, avec
les voiliers. Je soufflais dessus, je les déchirais en
petits morceaux. De temps en temps, je mouillais
des mouettes, mais je n'avais pas faim. Je baillais,
je m'étirais. J'avais trop voyagé et le dimanche,
recommencé le tour de l'île. Chaque fois la même
chose ! Patience, les noyés ! Ne vous agitez pas,

grands vaisseaux naufragés, dormez sur le même côté.

Ma mère Cléopâtre répondit :

— Je donnerai la clef du port aux plus pressés. Moi j'aime mieux rester dans mon lit.

LE CAPITAINE. — Que voulez-vous boire ?

LAUMA LAMER. — Oh ! je voudrais que la terre ne soit qu'une voie d'eau ! (*Long silence.*)

LE CAPITAINE. — Comment le cacher ?

PREMIER MARIN. — Dans l'armoire.

DEUXIEME MARIN. — Dans le hamac.

LE CAPITAINE. — Ehé !...

LAUMA LAMER (*regardant par le hublot*). — Il penche à droite, il penche à gauche, mais il se décide à filer droit.

LE CAPITAINE. — Où fuir ?

LE NEGRE. — Quatre as cétassé, Capitaine ?

LE CAPITAINE. — En pressant sur la gachette la balle ne peut plus se retourner.

CHANSON

PREMIER MARIN :

A Lorient les huîtres ont des dents
Et les poissons des écailles d'huître
Trempe ta main dans l'eau bénite
Pied de pêcheur n'est pas le pied marin.

CHŒUR

Rentrez les filets, bougrelas !
Videz les coquilles de noix,
Emplissez vos poches de mouchoirs à tabac !

DEUXIEME MARIN :

La fille attend près de putiphare
Tout au bout de la jetée
Jette ta chique et l'ancre de Chine
Ma belle, c'est pour vous mon beau service à thé.

CHŒUR

Rentrez les filets, bougrelas !
Videz les coquilles de noix,
Emplissez vos poches de mouchoirs à tabac !

LAUMA LAMER :

Je connais d'anxieuses forêts

Qui vous percent le cœur
Ce sont les mâts des lents voiliers
Voilez itou votre langueur.

CHŒUR

Rentrez les filets, bougrelas !
Videz les coquilles de noix,
Emplissez vos poches de mouchoirs à tabac !

LE MOUSSE :

Matelots, si c'est dans l'enfer
Que Satan nous fait tournoyer
Sale Satan dans la barrique
Et buvons l'alcool à brûler !

CHŒUR

Rentrez les filets, bougrelas !
Videz les coquilles de noix,
Emplissez vos poches de mouchoirs à tabac !

LE CAPITAINE. — Larguez les voiles !

LAUMA LAMER. — Où allons-nous, Capitaine ?

LE CAPITAINE. — Au Capricorne, au Labrador, au Jamélama !

FIN

www.ingramcontent.com/pod-product-compliance
Lightning Source LLC
LaVergne TN
LVHW022343170726
843503LV00008B/3527